ÉTUDE SUR LES DRAMES

Consacrés à Jeanne d'Arc

Par Schiller, L. d'Avrigny, A. Soumet,

ET SPÉCIALEMENT SUR

LA MISSION DE JEANNE D'ARC,

Drame en cinq journées et en vers ;

Par J.-J. Porchat, de Lausanne.

LYON,

IMPRIMERIE DE MARLE AÎNÉ,

RUE SAINT-DOMINIQUE, 15.

—

1844.

ÉTUDE SUR LES DRAMES

Consacrés à Jeanne d'Arc

Par Schiller, L. d'Avrigny, A. Soumet,

ET SPÉCIALEMENT SUR

LA MISSION DE JEANNE D'ARC,

Drame en cinq journées et en vers ;

Par J.-J. Porchat, de Lausanne.

LYON,

IMPRIMERIE DE MARLE AÎNÉ,

RUE SAINT-DOMINIQUE, 13.

—

1844.

ÉTUDE

SUR LES

DRAMES CONSACRÉS A JEANNE D'ARC.

ÉTUDE SUR LES DRAMES

Consacrés à Jeanne d'Arc

PAR SCHILLER, L. D'AVRIGNY, A. SOUMET;

ET SPÉCIALEMENT

SUR LA

Mission de Jeanne d'Arc,

DRAME EN CINQ JOURNÉES ET EN VERS,

Par J.-J. Porchat, de Lausanne (*).

***

En 1818, M. Walkenaer terminait la biographie de Jeanne
d'Arc par ces mots : « Le poëme de M. Robert Southey, en
« anglais, intitulé Joan of Arc (1812, 2 in-12), est la tentative
« la plus heureuse que les muses aient faite jusqu'ici pour célé-
« brer l'héroïne d'Orléans. C'est encore une des singularités de
« son histoire de voir le génie de la poésie anglaise inspirer de
« beaux vers en son honneur , tandis que celui de la poésie
« française a été jusqu'ici rebelle à ceux qui ont voulu la chanter
« et n'a favorisé que celui qui a outragé sa mémoire. » (Biogr.
Univ. , t. xxi, p. 518.)

L'appel de l'illustre critique ne pouvait manquer d'échos. Dès
1819 , la poésie lyrique, par la voix de Casimir Delavigne, et
la scène dramatique par la plume de M. L. d'Avrigny , célé-

(*) *La Mission de Jeanne d'Arc*, 1 vol. grand in-18, format anglais.
Paris, Dubochet, éditeur, 1844. Lyon, chez Midan et Gourdon , libr.,
rue Lafont ; et chez Dorier , quai des Célestins.

brèrent à l'envi la libératrice de la France. Mais la tâche du tragique était de beaucoup la plus difficile, et c'était une entreprise plus hardie qu'on ne pourrait le croire que de transporter au théâtre cette vie qui n'avait été, ce semble, qu'une longue et terrible tragédie. Schiller, le Shakspeare de l'Allemagne, avait ouvert cette voie dès 1801, par un drame de *Jeanne d'Arc*, qui l'avait fait porter en triomphe à Leipzig, et dont quelques stances, brûlantes de patriotisme et d'harmonie guerrière, devaient être et furent la Marseillaise de la jeune Allemagne en 1812. Mais Schiller, en présence d'un peuple où la sève ardente de l'imagination ne s'était assujettie, pour ainsi dire, à aucune culture, devant des écoles qui en étaient encore à l'âge de l'érudition, pouvait ignorer ou fouler aux pieds ce que les nations d'un goût plus sévère ont nommé les règles de l'art ; aux yeux d'un peuple étranger, il pouvait disposer de l'histoire à son gré. Aussi ne se fait-il faute ni de l'une ni de l'autre licence. Il prend Jeanne d'Arc à Domremi au milieu de ses montagnes et de ses troupeaux ; il la conduit à Chinon, à la cour du roi Charles VII, pour en voir les divisions et la misère, et y faire reconnaître sa mission. Bientôt la scène devient un champ de bataille où la Pucelle triomphe des héros anglais par le fer et du duc de Bourgogne par sa parole mystique. Au deuxième acte, nous retrouvons la cour à Châlons-sur-Marne ; Dunois et Lahire se disputent le cœur et la main de l'héroïne ; elle se réserve pour Dieu ; et tout à coup, dans un nouveau combat, elle devient éprise d'un capitaine ennemi qu'elle allait immoler. Dès ce moment le charme qui l'animait paraît rompu : elle n'assiste au sacre de Rheims que malgré elle ; ses sœurs ne peuvent la rassurer ; son père l'accuse ; elle fuit ; elle tombe au pouvoir des Anglais. Charles VII vient avec son armée pour la délivrer ; elle s'élance hors de sa prison, et meurt en combattant au milieu de ses défenseurs.

Comme on le voit, la poésie n'a jamais peut-être dénaturé les faits plus audacieusement, qu'en présentant Jeanne d'Arc amoureuse, et amoureuse d'un anglais, Charles VII amenant une armée pour la sauver, lui dont l'ingrate indifférence n'est pas moins célèbre que la constante fidélité de sa libératrice ; et cette mort enfin, reçue au champ de bataille, et non sur l'infâme bûcher, dont toute la honte est pour les bourreaux.

Jamais spectateur français n'eût supporté un tel tissu de mensonges historiques et moraux. Sous le rapport de l'art, ce n'était pas en 1819, quand M. Victor Hugo essayait à peine le génie romantique à des inversions et à des coupes sinon nouvelles , au moins bien oubliées ; ce n'était pas à cette époque encore toute classique qu'on eût osé déployer sur le théâtre une action qui eût embrassé une durée de trois ou quatre années, et choisir pour lieu de scène dix ou douze points dispersés sur la moitié de la France.

Aussi M. d'Avrigny se garda-t-il bien d'imiter le plan de Schiller : il voulut

> « Qu'en un lieu, qu'en un jour, un seul fait accompli
> « Tînt jusques à la fin le théâtre rempli. »

Sa pièce fût intitulée *Jeanne d'Arc à Rouen*. Mais y avait-il là matière à une tragédie ? Le drame vit essentiellement de luttes, de suspensions, de péripéties soudaines ; ce sont les ressorts de ces émotions puissantes, de la pitié, de la terreur, sans lesquelles il n'y a point de drame. OEdipe lutte contre les oracles ; et, par une suite de révélations aussi vraisemblables qu'inattendues, il tombe du faîte des grandeurs dans l'abîme de toutes les misères. Polyeucte reste chrétien malgré l'ambition, malgré la mort, malgré sa femme chérie. Joas , faible enfant, sans autre appui que Dieu, triomphe d'Athalie armée de toute sa puissance.

Mais Jeanne d'Arc une fois entre les mains des Anglais , une fois à Rouen, qui peut retarder son sort ? qui peut même le rendre un instant douteux, puisque l'histoire nous interdit toute intervention armée et sérieuse ? En vain le poëte, encore trop généreux, introduit-il à Rouen Dunois, le valeureux Dunois , pour arracher la noble captive au destin qui la menace : toute sa vaillance, tout son dévoûment ne peuvent contrebalancer la haine des Anglais, puisqu'il est entre leurs mains : s'il demande à Bedford des conditions de rançon pour la Pucelle, Bedford les pose telles que Jeanne les repousse avec indignation. Si Dunois désespéré en appelle au jugement de Dieu, Talbot ne veut point combattre un héros qu'il estime pour assurer l'échafaud à une héroïne qu'il admire : et pendant qu'on cherche à Dunois un

autre antagoniste, les ennemis acharnés de Jeanne escamotent
(c'est le mot énergique et vrai du feuilletoniste des *Débats*), escamotent l'ordre de sa mort, et l'exécutent : Dunois alors « vole
aux combats; » c'est par là qu'il aurait dû commencer.

Malgré ces graves défauts, le nom de *Jeanne d'Arc* qui décorait
pour la première fois une scène française, la haine de l'étranger
si flagrante au sortir de l'occupation, quelques belles scènes et
d'assez beaux vers, firent à la pièce de M. d'Avrigny un succès
à peine contesté dès le début, mais qui eut peu de durée.

En 1825, M. A. Soumet fit représenter une nouvelle *Jeanne
d'Arc*, et ne craignit pas de suivre un plan analogue, sinon sem-
blable à celui de son devancier. Toutefois il s'assura le facile
avantage de mettre son héroïne en scène dès l'origine du
drame; mais s'il y gagnait quelque intérêt immédiat, il n'en
parut que plus lent dans sa marche générale. M. Soumet, se
rapprochant encore plus de l'histoire que M. d'Avrigny, fait passer sous nos yeux en trois actes tout le procès de la Pucelle ; il
lui fournit un avocat dévoué ; il réunit autour de la bergère de
Domremi son vieux père et ses sœurs, pour la défendre, la con-
soler, la pleurer : mais sentant bien que les paroles et les larmes
sont d'un faible secours en présence de la haine et de la vio-
lence, et voulant se passer de toute intervention extérieure, M.
Soumet cherche un champion armé à la cour même de Bedford:
il emprunte au poëte allemand la magnifique scène où le duc de
Bourgogne, venu pour entraîner Jeanne dans son parti, est au con-
traire entraîné lui-même par l'ascendant mystérieux de la vierge
guerrière et rendu par elle à la France et à son roi. Dès ce moment, le duc met son glaive dans la balance, et l'action reprend
quelque vie : il est vaincu, le bûcher se dresse sur le théâtre, et
la toile seule nous en dérobe les flammes.

Mais ni cet appareil saisissant, ni l'animation des deux der-
niers actes, ni le style toujours si élégant, si pur, si harmonieux de M. Soumet ne peuvent racheter la langueur de ses trois
premiers actes.

Peut-être aussi ne peut-on accueillir que froidement une pièce
où l'infâme Bedford joue un rôle de compassion et de respect
pour l'infortune, tandis que le peuple, le peuple de Rouen,

presse de ses cris l'assassinat de la Pucelle d'Orléans ; c'est outrager à la fois la vérité (1) et le sentiment national ; et cette aberration ne peut s'expliquer que par un désir excessif de ménager l'amour-propre britannique. Toutefois la principale cause du succès incomplet qu'ont eu ces drames, qui auraient dû rester sur nos théâtres et qui y sont oubliés, c'est, si je ne me trompe, l'absence du pathétique. Quel sujet pourtant y prêtait davantage, que ce sanglant holocauste d'une jeune fille belle, pure, simple, glorieuse, immolée à une implacable vengeance. Mais la première condition du pathétique, Horace l'a clairement posée :

« . . . . Si vis me flere, dolendum est
« Primùm ipsi tibi.

« Si l'on rit, je vais rire, et pleurer si l'on pleure (2). »

Or nos tragiques ne pleurent point sur Jeanne d'Arc ; ce n'est pas de la pitié, c'est de l'admiration qu'ils ont et veulent exciter pour elle. La première source d'émotion qu'offre le sujet, c'est cet affreux contraste entre le caractère de la jeune fille et son sort ; et les poètes, dont nous analysons les œuvres, ne semblent pas avoir compris ce caractère.

Schiller fait de Jeanne d'Arc une fanatique, que ses parents même croient possédée du démon ; une orgueilleuse qui se dit prophétesse et se laisse appeler par un archevêque *étonnante* et *sainte fille*, qui fait la leçon à son roi, lui enlève la parole et se déclare son sauveur ; qui se rend perpétuellement témoignage à elle-même : au combat c'est une furie avide de sang, impitoyable, et qui attribue sa rigueur inexorable à l'ordre de la Vierges des vierges ! Ce n'est pas là Jeanne d'Arc ; c'est Mahomet en robe. Elle ne redevient femme que lorsque son cœur n'est plus le sanctuaire voué à Dieu seul. On ne peut nier que ce caractère, tracé de main de maître, ne soit éminemment tra-

(1) « La populace accabla l'évêque Cauchon d'injures, et le poursuivit à coups de pierres (Biogr. univ. vii, 427.)

(2) Epître aux Pisons, traduction de J.-J. Porchat.

gique ; mais il n'est point touchant, parce qu'il n'a rien de fé-
minin.

M. d'Avrigny n'a point osé accepter ce qui fait tout l'intérêt de
la *Jeanne* de Schiller, l'inspiration sans arrière-pensée ; il a eu
peur des railleries voltairiennes, oubliant sans doute Alzire et
Lusignan, et a réduit toute sa mission divine à un songe, ressort
usé, froid, au-dessous de la réalité comme de la situation. La
Pucelle martyre n'est plus qu'une infortunée, pleine de courage,
de grandeur d'âme même exagérée ; ce n'est point Jeanne d'Arc.

M. A. Soumet admet l'inspiration : Jeanne raconte elle-même
comment la patronne de Paris lui est apparue et lui a tracé sa
brillante mission. Mais elle seule paraît y croire ; ni le peuple ,
ni son père, ni ses sœurs, ne voient en elle autre chose qu'une
noble et généreuse guerrière ; son défenseur lui-même , vrai
philosophe du dix-neuvième siècle, se hâte de détruire l'effet du
récit de sa cliente, en ne lui attribuant d'autre révélation que
l'enthousiasme produit par les circonstances critiques où se trou-
vait la France.

> « La France de Clovis, dans un camp renfermée,
> « S'apprêtant à périr , mais à périr armée ;
> « Orléans si fidèle, et les guerriers anglais
> « Retrouvant dans ses murs les héros de Calais.
> « Voilà, Juges, voilà quelle cause sacrée
> « Arma la faible main d'une vierge inspirée.
> « Oui, je le soutiendrai contre tous, en tout lieu,
> « *Celle qui rompt des fers vient de la part de Dieu.* »

Enfin Jeanne elle-même ne parle de *ses voix* et de ses saintes
qu'une seule fois. Partout ailleurs elle n'est qu'une femme forte ;
elle demande la mort, elle que l'histoire nous montre pleurant
à sa première blessure ; elle voit approcher le supplice avec fermeté en se rappelant ses exploits, elle qui, sur le bûcher fatal ,
poussa des gémissements et des sanglots , et ne fit entendre que
le nom de Jésus.

Ce sont ces pleurs, ce sont ces gémissements , c'est cette fai-
blesse si naturelle à la jeune fille, et qui rehausserait si vivement

l'éclat de la bravoure inspirée ; c'est là ce que ni M. d'Avrigny, ni M. Soumet, ni même Schiller ne nous ont fait voir encore. Pourtant un autre poète national par excellence, Casimir Delavigne, avait chanté ces larmes si touchantes en des vers qu'avaient répétés tous les cœurs français :

> « .... Quand, debout sur le faîte,
> « Elle vit ce bûcher qui l'allait dévorer,
> « Les bourreaux en suspens, la flamme déjà prête,
> « Sentant son cœur faillir, elle baissa la tête,
> « Et se prit à pleurer. »

Une âme non moins poétique et plus tendre, par conséquent plus capable encore de comprendre Jeanne d'Arc, une femme nourrie sur les degrés du trône, et qui avait peut-être aussi la conscience de sa triste destinée, a consacré ses mains royales à l'héroïne française ; les galeries de Versailles montrent avec orgueil l'image de la bergère de Domremi conçue et sculptée en marbre par la princesse Marie. Contemplons ce chef-d'œuvre d'art, de sentiment religieux et patriotique : la pose de Jeanne d'Arc a la mollesse de son sexe, et son œil fixe exprime la résolution, non du guerrier, mais du chrétien ; sa tête est légèrement inclinée comme pour prêter une oreille attentive aux voix des saintes ; et sa bouche mélancolique semble dire : « Que votre vouloir se fasse ! » Elle est à demi-armée ; ses vêtements flottent par-dessous sa cuirasse ; son casque est à ses pieds, et sa main tient élevée la garde de son épée, qui, pour la vierge sans peur et sans reproche, est, comme pour Bayart, avant tout une croix. Voilà bien la jeune fille, belle et simple comme la nature des champs, ennoblie et non enorgueillie par sa mission divine ; qui se résigne par obéissance à saisir le glaive, mais qui s'en servira pour défendre plus que pour attaquer, et portera toujours sous l'armure céleste un cœur de fille, de femme et de chrétienne. Telle est la *Jeanne d'Arc* de l'histoire : caractère éminemment religieux, éminemment français, éminemment touchant et poétique : la scène ne peut demander que sa fidèle reproduction.

C'est là, ce semble, la noble tâche que M. J.-J. Porchat s'est imposée en chantant la *Mission de Jeanne d'Arc*. Son drame est partagé en cinq journées. La première se passe à Domremi, devant la chaumière de Jacques d'Arc : les parents de Jeanne déplorent le malheur des temps, et presque autant les rêveries de leur fille aînée. Bientôt elle-même, seule avec son frère Pierre, lui découvre les révélations qu'elle a reçues d'en haut, et sa résolution d'aller au secours de son roi. En vain sa famille veut la retenir en lui donnant un époux ; elle le lègue à sa sœur. Des sons belliqueux annoncent des guerriers ; c'est le seigneur Baudricourt, capitaine de Vaucouleurs, avec ses chevaliers, qui se retirent devant les Anglais : Jeanne les rassure, et leur déclarant des faits que Baudricourt vérifie et qu'elle n'a pu savoir que par inspiration, elle fait reconnaître sa mission et par les chevaliers et par sa famille. Le premier usage qu'elle fait de son influence, c'est d'obtenir la grâce d'un misérable, nommé Loyseleur, souillé d'un crime inconnu, et qui, usurpant la robe et les fonctions sacerdotales, s'en servait au profit des Anglais ; mais après l'avoir arraché à la fureur des soldats, Jeanne, voulant effacer la trace de ses discours pernicieux, le démasque, et dès-lors se crée en lui un ennemi juré : premier sacrifice que la vertueuse fille fait à son roi. Ainsi se noue une intrigue sanglante, où l'hypocrisie gagée doit jouer un si terrible rôle. Pendant que ses compagnes en chœur chantent et prient pour elle, la Pucelle s'avance vers le château de Chinon où réside le roi Charles VII.

Là commence la deuxième journée : c'est Loyseleur qui ouvre la scène avec Magistri, son ancien complice, actuellement astrologue du monarque français, et vendu aux Anglais. Magistri s'efforce d'éloigner Jeanne, de la décrier, enfin de lui fermer la bouche ; il va jusqu'à la menacer d'un poignard. Elle le repousse l'épée à la main. Néanmoins dédaignée à la cour, délaissée et non découragée, elle tombe à genoux et prie avec tant de ferveur et de charité que Charles VII, qui l'a entendue, veut bien la soumettre à quelques épreuves. Jeanne, par la précision de ses réponses miraculeuses, par leur élévation et leur enthousiasme dès qu'il s'agit de la France et du roi, par leur modestie et leur simplicité dès qu'il s'agit d'elle, étonne, charme, convainc et le roi et la cour et les prélats chargés de l'interroger. Elle s'écrie enfin que c'est à Orléans qu'elle signalera sa mission divine : Charles répète son cri de guerre ; l'évêque la consacre ; elle ne demande plus pour elle au prêtre que le pain du chrétien, et à son frère Pierre qu'une maison sûre où elle puisse prier et reposer en paix. Un chœur de jeunes filles et de pages chante l'espoir nouveau qui luit à la France.

Au troisième jour, nous sommes dans Orléans, au sein de la guerre : mais Jeanne n'est point changée. Si elle excite l'envie des seigneurs français par ses exploits, elle captive leur affection par sa bonté comme leur vénération par sa candeur. Rien par elle-même, tout par *ses voix*, elle accable d'ironie et de menaces le héraut anglais qui vient se plaindre de sa présence ; et elle impose ses conseils respectueux aux généraux du roi. Le peuple s'agenouille sur son passage ; elle le fait relever avec douceur : blessée, elle ne dissimule point sa souffrance : mais elle la calme en obtenant de Dunois, sous serment, la liberté des prisonniers anglais qui, dit-elle, « seraient tous égorgés, si nous étions vaincus. » Parmi eux, se trouvent Magistri et Loyseleur, qui tout à l'heure exhalaient leur rage contre elle, Loyseleur avec quelques remords, Magistri avec acharnement. A leur aspect, Jeanne rappelle à Dunois son serment, et lui montre les deux criminels, assassins de son père, le duc d'Orléans. « Justice viendra » ajoute-t-elle : ils fuient plus furieux que jamais. Jeanne retourne au combat, pressée, dit-elle encore, d'utiliser sa courte existence. Le chœur des aïeules et des enfants chante les angoisses de la bataille, et bientôt la victoire : Orléans est délivrée ; le nom de Jeanne est dans toutes les bouches.

Plus de cinq mois et bien des évènements séparent la quatrième journée de la précédente ; la scène se passe devant le château fort du Crotoy, appartenant au comte de Luxembourg, allié du duc de Bourgogne et des anglais. Pierre d'Arc nous apprend que sa sœur est enfermée dans ces murs, et qu'il vient avec ses compagnons armés pour la délivrer. La comtesse de Luxembourg, qui a vu Jeanne à Chinon et qui l'aime, avertit Pierre que sa sœur est réclamée par les émissaires de Bedford, agents sacrés de l'inquisition, Magistri et Loyseleur. Mais le comte ne demande pas mieux que de profiter seul de sa capture : il laisse donc Jeanne venir embrasser son frère, et s'épanouir à la fraîcheur des bois, au souvenir de sa famille, au désir de son village, qu'elle aurait tant voulu regagner « après les beaux jours de Reims. » Puis il taxe sa rançon au prix du démembrement de la France ; aussitôt Jeanne retrouve, pour refuser, sa céleste énergie, et s'écrie en terminant :

« Tu le vois, Pierre, il faut nous dire adieu !

On l'emmène ; en vain la comtesse presse son avare époux par ses raisonnements, par ses prières, par ses imprécations ; il part, décidé à la livrer aux Anglais. La nuit s'obscurcit : Jeanne, avec une audace plus vraie que vraisemblable, s'élance des murs de sa prison ; mais, ô douleur ! elle vient s'évanouir au pied d'une croix. C'est donc sans fruit que Pierre escalade la tour pendant que ses compagnons d'armes l'encouragent par un chœur à demi-voix. Son épée tombe dans les cours, tout se réveille et s'élance ; Jeanne est entraînée par les Anglais.

La cinquième journée nous amène à Rouen ; et dès l'abord, nous retrouvons Magistri présidant, au scandale même de Loyseleur, le prétendu tribunal qui doit immoler la Pucelle d'Orléans à la basse vengeance de Bedford. Jeanne, toujours la même, répond à ses juges, comme aux courtisans de Charles VII, avec fermeté, avec ingénuité. Quand *ses voix*, dans la prison, la préviennent de sa mort prochaine, elle semble près de succomber ; mais avertie qu'elle peut, en mourant, servir à la gloire de son Dieu, elle recouvre sa sérénité et sa joie. Ainsi, sa résignation n'est point une magnanimité stoïque, elle est toute chrétienne. Ses juges et son confesseur viennent-ils lui signifier l'arrêt fatal ? C'est elle qui les console au nom du ciel, au nom des triomphes réservés à la France. Enfin, Magistri vient presser le supplice ; mais Loyseleur le traîne aux pieds de leur victime, demande grâce pour lui-même et l'obtient. Magistri en meurt de rage. Bientôt après l'héroïne périt aussi ; et son affreux supplice nous est révélé par la lueur rougeâtre que les flammes projettent de la place dans la prison.

Il ne nous reste qu'à rechercher ses cendres, et à mêler nos voix à ce chœur de femmes, d'hommes, de vieillards qui pleurent l'horrible fin de la libératrice de la France, jusqu'à ce que des voix angéliques viennent leur dévoiler sa gloire éternelle.

N'est-ce point là ce type sublime et doux, éclos du cœur d'une artiste royale au printemps de ses jours et de son génie! Et n'étions-nous pas en droit de dire que M. Porchat semblait avoir consacré sa muse à mettre en scène la *Jeanne d'Arc* de la princesse Marie?

On nous pardonnera d'insister si longtemps sur l'œuvre nouvelle, maintenant qu'on peut voir à quel point elle diffère de toutes celles qui l'ont précédée : et ce n'est pas seulement par la création de ce caractère, qui suffirait pourtant pour placer son auteur au rang le plus honorable, et par le pathétique qui en résulte ; c'est encore par l'exactitude historique, par l'observation parfaite des convenances, par la pureté de la morale, par l'appropriation du style au sujet.

Tout, dans la *Mission de Jeanne d'Arc*, est rigoureusement conforme à la vérité, tout jusqu'aux détails des combats et du procès, jusqu'aux noms propres et aux caractères des personnages. A cet égard nous ne reprocherions à M. Porchat que d'avoir oublié peut-être le fameux avis : « Le vrai peut quelquefois « n'être pas vraisemblable. » Ainsi deux des circonstances les plus saisissantes de son drame, la hardiesse de Jeanne à s'élancer du haut de la prison et la mort subite de Magistri, sont toutes deux justifiées par les chroniques ; mais peut-être aurait-il fallu ou les expliquer ou les amener davantage pour qu'elles fussent admises facilement et même comprises par le lecteur. Magistri est le seul personnage un peu important de la pièce dont le nom ne soit point historique : mais sa vie entière est celle de cet infâme Pierre Cauchon, évêque de Beauvais, chassé de son siège par ses diocésains à cause de son attachement aux Anglais, qui réclama Jeanne pour la condamner, et mourut subitement en 1443, excommunié par le pape et désavoué par son neveu et successeur Guillaume Cauchon. M. Porchat n'a point voulu livrer un évêque au mépris de notre siècle, et son Magistri n'est, comme Loyseleur, qu'un de ces fourbes usurpateurs

de la soutane , qu'ils déposent et reprennent selon que leur intérêt l'exige. Encore le poète place-t-il Ladvenu , le pieux , fidèle
et courageux confesseur de Jeanne, comme pour effacer l'ombre
honteuse de ces faux prêtres.

Ce sont ces misérables qui poursuivent, accusent et perdent
la jeune guerrière ; et non un général anglais', comme dans M.
d'Avrigny , ou le duc de Bourgogne et le peuple d'une ville française comme dans M. Soumet. Schiller avait heureusement
choisi l'ignoble Isabeau de Bavière pour en faire l'ennemie
acharnée de Jeanne d'Arc : mais il avait oublié les convenances
jusqu'à mettre en présence Agnès Sorel et la vierge de Domremi,
jusqu'à les lier d'amitié, jusqu'à placer dans la bouche de Jeanne
l'éloge de la maîtresse du roi , l'éloge de son amour adultère.
M. Porchat, avec un tact exquis, n'a point voulu que ce nom
vînt souiller un seul de ses vers consacrés à la guerrière chrétienne, qui rompit son épée victorieuse en chassant devant elle
une courtisane échappée à son active surveillance. Ainsi l'œuvre de M. Porchat est aussi morale que touchante ; elle empreint
l'âme d'une douce et calme sérénité ; elle inspire à la fois l'a-
mour de la famille , le dévouement à la patrie , la confiance
dans la religion qui peut produire une telle vie et une telle mort.

Le style est celui du sujet. M. Porchat annonce un drame ,
et non une tragédie : et il est permis de douter qu'il eût pu
chausser du cothurne l'héroïne qu'il voulait montrer fille , sœur
et bergère, à tous les instants où sa mission ne l'appelait plus
aux camps. Comment la langue élevée et sévère de Melpomène
aurait-elle pu rendre ces nuances si variées qui font le principal mérite de l'ouvrage de M. Porchat, et qui étaient sans doute
son principal but ? Cela posé, ne nous étonnons plus d'une
foule de tours familiers, d'expressions un peu *pédestres*, de coupes brusques et romantiques qui donnent au poëme en général
une teinte de moyen-âge fort à sa place , et que pourtant une revue scrupuleuse pourra probablement éclaircir avec fruit. Mais,
au milieu de ce langage qu'une critique rigide pourrait accuser
d'étrangeté , brillent çà et là des traits sublimes , des tirades
pleines d'une noble simplicité ou d'une chaleur entraînante ;
alors la pureté du style égale sa hauteur. Enfin pour achever de

nous convaincre que c'est bien à dessein qu'il descend de l'Héli-
con toutes les fois que son héroïne met pied à terre, M. Porchat
termine tous ses actes par des chœurs ravissants, aussi corrects
qu'harmonieux, aussi féconds en images splendides qu'en touchantes émotions, chœurs tout raciniens, trop peut-être : car
on y remarquera deux ou trois réminiscences qu'un auteur aussi
riche de son propre fonds remplacera sans hésiter. Une autre
similitude, plus grave et plus urgente à détruire, c'est celle de
Loyseleur à la fin de la pièce avec le Leycester de la Marie
Stuart de P. Lebrun.

Quel serait à la représentation le succès de la *Mission de
Jeanne d'Arc* ? C'est une question controversée même entre ses
admirateurs. Les uns, jugeant l'effet théâtral d'après l'impres-
sion de la lecture, prédisent à l'auteur le triomphe le plus am-
bitionné, un succès de larmes : ils disent que l'intérêt est sou-
tenu avec un art profond par des contrastes habilement ména-
gés et multipliés. Le premier acte se passe sous les ombrages de
Domremi ; le second sous les lambris dorés d'un château royal.
Aux bruits de guerre d'Orléans dans le troisième, succède au
quatrième le calme triste et froid du Crotoy. Mais cette prison
était au moins environnée de forêts sombres ; à Rouen, il n'y a
plus que la muraille grise du cachot, et le bûcher. Entre les
scènes, même opposition savante : la figure hypocrite de Loyseleur (1. 5.) vient faire ombre aux mines rieuses des compagnes de Jeanne d'Arc. Aux fiançailles (I, 11e), succèdent sou-
dain les cris d'alarmes, sans que la vraisemblance et le naturel
cessent d'être respectés. A Chinon, après sa première entrevue
avec le roi dans sa cour, Jeanne se trouve seule avec son frère ;
puis seule avec Magistri. De même dans tous les actes. On pré-
tend que la pièce manque de mouvements tragiques et puissants :
et n'y a-t-il pas au premier acte la scène où Jeanne dépouille
Loyseleur de son masque et de sa robe profanée ? Au second,
celle où elle force Magistri à reculer ; au troisième, les scènes
où elle terrasse l'orgueil du héraut anglais, où elle maîtrise la
vengeance de Dunois ; au quatrième, l'admirable tirade de la
comtesse de Luxembourg, qui déchire ses ornements aux yeux
de son époux irrité, dont elle maudit l'avarice et brave l'épée ;

au cinquième, enfin les remords de Loyseleur ? S'il n'y en a pas davantage , c'est qu'il le fallait ainsi pour le développement complet du caractère principal, si doux et si calme , même au milieu des périls. Voilà pour quels motifs les lecteurs les plus favorables à M. Porchat regrettent que son excessive modestie l'ait éloigné des chances du théâtre , où ils croiraient son triomphe assuré.

D'autres esprits, purs classiques, imbus des chefs-d'œuvre des anciens et des grands poètes modernes qui ont adopté leurs principes plus encore qu'ils ne les ont imités, accoutumés à voir, sous leurs mains, les plus simples ressorts faire jaillir de splendides merveilles ; gâtés, si le mot peut se pardonner , par les précautions infinies que prennent ces vieux génies pour ôter tout obstacle à la vraisemblance et par conséquent toute peine à l'attention, afin de la réserver pleine et entière pour les divines douleurs d'Hécube ou les fureurs sublimes de Philoctète; ces esprits difficiles , disons-nous, se plaignent de ne pas trouver dans la *Mission de Jeanne d'Arc* la même simplicité , la même unité. Ils prétendent que leur intelligence, gaspillée à suivre tant de lieux et d'époques, ne suffirait plus à saisir le fil de l'action ; mais ils se plaignent surtout qu'il n'y ait réellement dans ce drame ni action, ni intrigue, non que chaque acte n'ait la sienne, certainement; mais ils ne retrouvent point de nœud qui les enchaîne. Jeanne quitte Domremi, disent-ils, prévoyant sa fin prochaine ; elle veut sauver la France; on l'en reconnaît digne à Chinon ; elle le démontre à Orléans : prise et renfermée au Crotoy, elle est livrée aux Anglais, qui lui font le procès le plus indigne , et la brûlent à Rouen. Voilà l'histoire ; où est le drame? où est le doute , la crainte, l'attente d'un dénoûment? Si Jeanne, pour prix de sa vertu, est menacée du supplice , qui l'écarte et nous tient en suspens? Qui l'appelle et y pousse sans cesse? Magistri et Loyseleur, dira-t-on : sans doute; mais ce ne sont là que des influences secondaires, des Mathan , des Nabal; nous ne voyons pas d'Athalie. Voilà les instruments du crime; nous cherchons en vain sa véritable cause. Aussi n'y a-t-il réellement qu'un seul grand caractère développé dans la pièce nouvelle; tous les autres, ou sont à peine indiqués actu par acte, ou se trouvent sur un plan secondaire. Telles sont les critiques des amis les plus rigides du poète, de ceux qui craignent que son œuvre n'ait pas au théâtre un succès proportionné au mérite incontestable de ses détails et de son personnage capital. Nous renvoyons ces objections au savant auteur qui peut mieux que personne les réduire à leur juste valeur, ou en tirer parti.

Du reste, si elles ont quelque portée, elles tombent bien plutôt sur le sujet que sur l'ouvrage. Puisque l'histoire atteste, à notre honte, que nul n'a entrepris de sauver Jeanne d'Arc, comment le récit de sa mort offrirait-il une péripétie dramatique ? Un critique helvétien aurait voulu qu'Agnès Sorel fût mise en scène comme l'obstacle élevé entre la pucelle et le roi, pour expliquer au moins cette incurie homicide ; mais à quoi bon l'expliquer ? l'intérêt n'y gagnerait rien ; il est bien plus beau de l'excuser ; c'est ce que fait la bonne héroïne. Nous terminerons donc comme nous avions commencé, en exprimant le doute que la mort de Jeanne d'Arc soit un sujet aussi propre au théâtre qu'il le semble d'abord.

Convient-il mieux à l'épopée ? il serait bien intéressant de l'examiner, en passant en revue les poèmes qui lui ont été dédiés, depuis les douze fois douze cents vers de l'infortuné contemporain de Boileau, jusqu'aux touches si suaves du dernier monument que M. A. Soumet vient d'élever à la sainte guerrière : mais ce serait abuser à la fois de notre sujet et de l'attention de nos lecteurs.

Louis Guillard.

(*Extrait du* Rhône.)

www.ingramcontent.com/pod-product-compliance
Ingram Content Group UK Ltd.
Pitfield, Milton Keynes, MK11 3LW, UK
UKHW020118100726
13658UKWH00005B/2239